L'OPPOSITION

ET

LE MINISTÈRE

DU 29 OCTOBRE.

IMPRIMERIE DE MADAME DE LACOMBE, RUE D'ENGHIEN, 12.

L'OPPOSITION

ET

LE MINISTÈRE

DU 29 OCTOBRE.

1re LETTRE

AUX ELECTEURS,

PAR

GAËTAN DE ROUYÈRES.

Paris.

Chez POIRÉE, Libraire, rue Croix-des-Petits-Champs, 2;
Chez tous les Libraires de Paris et des Départemens;
Et au Dépôt des LETTRES POLITIQUES, rue de Trévise, 3.

— JUILLET 1846. —

1846

L'OPPOSITION

ET

LE MINISTÈRE.

Nous voici à la veille d'une grande lutte électorale. Les partis se menacent, se défient. Les vainqueurs, fiers de leur récente victoire, se préparent à de nouveaux combats ; les vaincus réparent leurs forces, resserrent leurs rangs, se comptent, et, consternés de voir diminuer leurs phalanges, finissent par douter d'eux-mêmes.

C'est qu'en effet jamais session, plus que la dernière, n'a fait éclater la force des uns, la faiblesse des autres, la puissance du parti conservateur, l'impuissance de l'Opposition.

C'est qu'en effet jamais triomphe ne fut plus complet, plus rationnel, plus éclatant, plus décisif d'un côté ; — jamais défaite ne fut, de l'autre, plus désastreuse, plus concluante.

Depuis la discussion de l'Adresse, — qui a nettement et franchement fixé le pays sur la politique du Gouvernement, — jusqu'à celle du budget, qui indique clairement la marche de l'administration, le Ministère est resté maître du champ de bataille.

1

Ceci est un fait incontestable et incontesté ; l'Opposition le reconnaît elle-même. Mais elle s'en venge à sa manière habituelle, en cherchant à empoisonner la source du succès de ses adversaires. Moyen bas et usé pour dissimuler la honte de la défaite ; flèche émoussée qu'elle lance en fuyant, comme les Parthes. La calomnie est le dernier refuge des vaincus.

Cependant, l'Opposition n'a pas rendu les armes. Elle espère encore réparer les échecs nombreux qu'elle vient d'éprouver ; et, dans ce but, elle emploie toutes les ressources de son éloquence, elle étale toutes ses rêveries politiques, elle souffle de toute sa haine sur l'esprit de la nation, pour y réveiller des ardeurs insensées, elle propose une croisade contre le Ministère ! Hélas ! elle en sera pour ses frais d'éloquence ; ses rêveries feront sourire de pitié ; sa haine ne fera que disperser des cendres froides ; l'écho seul répondra à son cri d'alarme.

Il n'est pas difficile de prévoir ce résultat. Il suffit pour cela de jeter un coup-d'œil sur l'ensemble de la session de 1846 ; de bien dessiner le rôle qu'y a joué l'Opposition en face du parti conservateur ; de chercher enfin le but que se propose l'une, et celui que poursuit l'autre avec tant de persévérance.

La question ainsi posée, groupons des faits, rien que des faits ; c'est le plus sûr moyen de juger de la cause par ses effets immédiats. Nous serons concis et bref, et surtout méthodique, afin de rendre le parallèle clair et saisissant.

Vérité, impartialité, — telle sera notre unique préoccupation. Les électeurs jugeront.

Et d'abord, la mauvaise foi systématique de l'Opposition augmente nécessairement les difficultés de la tâche du parti conservateur. Ne vivant que dans le scandale et par le scandale, elle se refuse sans cesse à l'évidence des choses, en dépit même de ses principes. Etrange contradiction ! tout lui est bon pour défendre ses théories. Elle pousse l'inconséquence jusqu'à combattre , parfois, justement ce qui serait utile aux intérêts du pays. C'est une nouvelle manière d'entendre le patriotisme, car, à chaque instant, elle en parle de son patriotisme. Ecoutez-la : c'est l'honneur, la dignité de la nation, qu'elle a toujours en vue, prenant les mots pour la chose, poursuivant l'ombre pour la réalité. Elle ne sait que se traîner sur les vieilles récriminations, nous battre les oreilles de ses éternelles litanies , lieux-communs de la tribune oratoire : l'abaissement de la France ! thème favori, qu'elle module sur tous les tons. L'Opposition affligée de l'abaissement de la France ! elle qui, avec ses plaintes inconsidérées, avec ses blâmes mal fondés, contribue plus que personne à compromettre cette dignité dont elle est si jalouse , et le succès des négociations les plus heureusement préparées, par une publicité imprudente, hâtive, imprévoyante ; — elle qui, dans l'ignorance des faits et par un excès de méfiance injurieuse, cherche, mais en vain, à inspirer au pays des craintes chimériques, à entraver la marche du Gouvernement, à troubler la paix européenne, et donne à l'univers le triste spectacle de mesquines passions, de rancunes personnelles, d'ambitions orgueilleuses aux prises avec un pouvoir grand et fort.

Est-il donc d'une bonne politique de ramener sans cesse à la tribune certaines discussions, pour lesquelles le silence est une chance de meilleure solution ? — de venir à tout propos, et, pour témoigner d'un faux zèle, dérouler le tableau de nos forces, proclamer le côté faible, et, en quelque sorte, faire tous les jours le bilan de notre fortune pour les finances, comme pour l'armée et la marine ?

C'est pourtant là ce que fait l'Opposition ! Voilà ce dont elle ne comprend pas le danger ! Pourquoi ? parce qu'elle ne possède dans son sein aucun homme d'État sérieux, à vues larges ; parce qu'elle ignore les exigences, les ressorts de la diplomatie, et qu'elle les met au niveau d'intérêts de localité ou de politique intérieure. Discuter n'est pas gouverner : c'est un axiôme dont elle devrait bien se pénétrer. Discuter les lois, apprécier les évènemens, leurs conséquences ; approuver ou blâmer les traités, voilà qui est du domaine de la tribune. Au Gouvernement appartient l'initiative des négociations, le soin des relations extérieures, la direction générale des affaires ; et le mystère le plus profond doit les envelopper, jusqu'au jour où le cabinet, seul juge de l'opportunité, croit devoir rendre compte de sa conduite à la face du pays.

Nous avons parlé de la mauvaise foi avec laquelle l'Opposition fait la guerre au parti conservateur. Cette mauvaise foi éclate dans toutes les circonstances ; elle est flagrante surtout dans les reproches de corruption qu'elle jette tous les jours à la tête du pouvoir. La corruption est son grand cheval de bataille. Dans son hostilité puérile, cette vertueuse Opposition en est réduite à glaner laborieusement, dans les archives d'une mairie de village ou d'une sous-préfecture, la correspondance de fonctionnaires infimes, pour en demander compte au Ministère. Comme s'il importait beaucoup, au Ministère, que le conseil municipal de Brives-la-Gaillarde ou de telle autre localité fût composé de conservateurs on d'opposans. Mais, dans une élection de députés, l'Opposition a-t-elle su justifier ses reproches, en apportant des faits à l'appui, elle qui, pourtant, avec ses airs candides, ses protestations d'innocence, ne se fait pas faute des petits et des grands moyens, de certaines ressources, d'une foule de manœuvres que, dans les hommes du Ministère, elle qualifierait bien haut d'intrigues honteuses, de corruption. Tout est permis à l'Opposition, et permis à elle seule, pour assurer son triomphe; elle use de toutes les roueries, et largement... Cependant elle ne triomphe pas !

Voilà donc la conduite, le langage de l'Opposition ! son but, quel est-il? si ce n'est d'arriver au pouvoir. Et dans ce cas, ce n'est plus qu'une question de personnes; car, une fois en possession de régenter la France, quelles garanties de sécurité offre-t-elle au pays? quelles sont ses vues, ses intentions? ses moyens d'exécution? Eût-elle les sympathies du pays, — ce qui n'est pas, — quelle serait son attitude au dedans et au dehors? A ces questions il est facile de répondre par le passé. M. Thiers, le chef, l'orateur, le seul représentant de cette Opposition tracassière, M. Thiers a été président du cabinet. Ses actes ont été jugés déjà ; et ils ont été tels qu'il a dû céder la place à de plus habiles, à de plus prudens, si l'on veut. Aussi quel degré de confiance inspire-t-il même à l'Opposition ! « Croyez-vous, s'écrie le *Courrier Français*, que M. Thiers, rentré aux affaires, se préoccuperait du triomphe, nous ne disons pas des réformes et des libertés que nous réclamons, — il n'est que trop avéré que M. Thiers n'en veut pas, — mais tout simplement des principes du Gouvernement et d'administration qu'il a si bien défendus à la tribune ? Hélas ! si vous le croyez, nous vous félicitons d'une foi si robuste ; nous avouons, quant à nous, que le passé de M. Thiers nous empêche de placer la moindre confiance dans ses protestations actuelles. On n'est point maître de ses impressions ni de ses sentimens : M. Thiers aurait beau nous parler de son amour pour la sincérité du régime représentatif, d'une façon mille fois plus éloquente qu'il ne l'a fait aujourd'hui, franchement, nous ne le croirions pas ! (18 mars 1846). »

Écoutez encore ce que dit de lui *La Réforme* :

« M. Thiers n'agite jamais le drapeau de la révolution que la veille ou le lendemain du jour dans lequel il la trahit. Cet air de ministre révolté n'est qu'un masque habilement placé sur la figure du courtisan. »

Il est donc reconnu que M. Thiers, dans lequel se personnifie l'Opposition, joue la comédie ! que l'ambition seule est le mobile de sa conduite ! Désavoué par une fraction plus sincère, plus loyale du parti dont il flatte les passions et les préjugés, il ne lui emprunte ses idées, son langage, que pour mieux dissimuler le but où il vise. En un mot, dans son apparente apostasie, il déplore, au mépris de ce qu'il a fait et dit autrefois, la situation actuelle de notre armée, de notre marine, de nos finances ; il se proclame le partisan de l'alliance anglaise, et il la calomnie ! il parle de modération, et il calomnie la paix ! il annule nos victoires d'Afrique ; en dépit de la vérité, il nie effrontément nos efforts en Orient, notre influence en Grèce et en Espagne ! Mais dans sa nouvelle profession de foi, dans ses soupçons, dans ses assertions, M. Thiers est-il sincère ? nullement. Ce n'est point conviction de sa part ; c'est tactique, et, pour parodier une comparaison que nous empruntons à un de ses discours, —*tout en plaçant son vaisseau sur le promontoire le plus élevé de l'Opposition, il espère bien que le flux du pouvoir viendra l'atteindre tôt ou tard et le mettre à flot.*

Qu'offre l'Opposition, comme compensation aux antécédens de M. Thiers ? A-t-elle des principes communs, des idées arrêtées, un but précis, des opinions positives, rationnelles ? non. Elle ne marche qu'à l'aventure, divisée, fractionnée, hésitant entre plusieurs chefs, flottant à tous les vents, tiraillée en tous sens ! cherchant encore un programme, un drapeau, une formule politique ! Avec son système de dénigrement et de négation, elle prétend signaler le mal, mais elle n'indique pas le remède.

Maintenant quelle est la conduite, quel est le langage du Ministère ?

Le Ministère, malgré les embarras de la situation, sait ce qu'il veut, — peut le dire et le dit, — et s'en glorifie et s'en vante ! preuve irrécusable de la droiture de ses intentions, de la conscience de sa force.

Le Ministère veut la politique d'ordre et de paix, et, comme l'entend l'Opposition, que cette politique tourne au profit de la considération, de l'influence, de la grandeur, de la prospérité, du salut de la France.

Le Ministère veut la politique de conciliation au dehors, et non de honteuses concessions ; il veut l'affermissement de nos institutions au dedans ; il veut gouverner par la liberté ! Pas un de ses actes, pas une de ses paroles qui ne le prouve victorieusement, qui n'indique ses tendances, qui n'éclaire la route ouverte devant nous. Il se montre supérieur dans toutes les questions, — supérieur par les idées, par la hauteur des vues, par sa fermeté dans cette ligne de conduite qu'il s'est tracée ; — fidèle à cette tâche glorieuse qu'il poursuit laborieusement depuis six ans, et qui, dans la dernière session, a marché de plus en plus vers le résultat.

Mais, nous l'avons dit, c'est avec des faits qu'il faut démontrer la déroute de l'Opposition et la victoire du Ministère du 29 octobre.

La session s'ouvre, et, dès le début, de toutes les complications qui paraissaient si menaçantes, de toutes les questions, la plus importante, la plus grave, celle dont la solution avait été proclamée chimérique, impossible, la question du *droit de visite*, enfin, était résolue par la conclusion d'un traité, contre lequel on n'a présenté aucune objection de quelque valeur, et dont l'humanité et l'honneur national s'applaudissent avec raison. L'Opposition eût dû s'en féliciter ; car elle pouvait revendiquer une part de la conquête ; on en avait fait assez de bruit depuis plusieurs années. Point du tout ! au lieu de s'enorgueillir de cet heureux résultat qu'elle avait appelé de tous ses vœux, elle blâme encore et accuse ! A l'entendre, le ministère est *sans pudeur, sans patriotisme !* M. Guizot a obtenu pacifiquement un succès éclatant dans l'écueil même qu'on croyait lui avoir préparé, — *indè iræ !* On traite de déception indigne la convention du 29 mai 1845, qui a abrogé les traités de 1831 et de 1833 et le droit de visite réciproque ; on allègue que la convention, signée avec l'Angleterre, et les instructions destinées à en régler l'exécution, violent tous les principes du droit des gens et du droit maritime ; on allègue... mais on ne prouve pas ; et les plaintes de l'Opposition restent sans écho.

Pour se consoler de son échec, et pour se dédommager du bruit qu'elle ne peut plus faire sur le droit de visite, l'Opposition se rejette sur le Texas et sur la Syrie. Ces deux questions, malgré leur importance relative, n'étaient que secondaires pour la France. N'importe, l'Opposition a besoin d'un prétexte pour tracasser le pouvoir; elle le trouve, elle s'en empare. Il est démontré que l'annexion du Texas et le démembrement du Mexique par l'union américaine risquent d'engager l'avenir dans une voie funeste, dangereuse pour nous; n'importe; elle veut l'annexion du Texas, elle veut le démembrement du Mexique, par la raison que l'Angleterre s'y oppose. En vain M. Guizot explique-t-il, qu'après avoir reconnu l'indépendance du Texas, le Gouvernement doit en souhaiter le maintien, sous peine de faillir à l'honneur et de compromettre les intérêts de la France; en vain déclare-t-il qu'il s'est borné à conserver la neutralité; — M. Thiers pousse l'oubli des procédés jusqu'à défier le ministre de soutenir qu'il y avait un intérêt commercial ou un intérêt d'équilibre, dans la neutralité. « Je ne puis, réplique M. Guizot d'un ton calme mais ironique, accentué, incisif, je ne puis reconnaître à l'honorable M. Thiers le monopole du bon sens. Je lui en accorde, même lorsque mon opinion est contraire à la sienne; je comprends qu'il ne soit pas de mon avis; je comprends les raisons qui déterminent son opinion, mais je lui demande, à mon tour, un peu de la même tolérance, de la même libéralité. Je lui demande d'admettre, à son tour, qu'on peut n'être pas de son avis, n'en être pas du tout, trouver ses raisons mauvaises, radiclaement mauvaises, et avoir encore un peu de bon sens. Je n'accepterai pas non plus ses sommations, je ne fais que répéter le mot qu'il vient de m'adresser : nous ne nous adressons pas de sommations les uns aux autres, à cette tribune ; nous répondons comme nous l'entendons aux argumens de nos adversaires ; nous ne nous laissons pas poser les questions comme il plaît à nos adversaires de les poser, nous les posons à notre tour, nous les discutons devant la Chambre, et la Chambre juge entre les questions posées et discutées par les uns et par les autres. » Et, après cette leçon de politesse donnée à son imprudent adversaire, l'orateur, abordant à fond la question du Texas, prononce de graves et solennelles paroles, qui ont retenti au delà de l'Atlantique. Le président des Etats-Unis avait exprimé, dans son message, des prétentions auxquelles il fallait une réponse ferme et digne. M. Guizot l'a faite en termes énergiques et pleins de convenance à la fois.

L'Opposition croyait avoir bien plus beau jeu, avec les affaires de la Syrie, pour trouver le Ministère en défaut. Aussi a-t-elle garde de laisser échapper l'occasion ; et la voilà qui se déchaîne comme l'ouragan, et qui se livre à des insinuations malveillantes, à des accusations ridicules, le tout au nom de l'humanité. La question d'humanité, qui nous touche autant que qui que ce soit, ne peut excuser les écarts de zèle auxquels on s'est emporté. Sur ce terrain encore, l'Opposition s'est fait battre par M. Guizot ; car le ministre, envisageant d'un point de vue supérieur la malheureuse situation dans laquelle est retombée la Syrie depuis 1840, et déplorant les scènes de désordre et de carnage dont le Liban a été le théâtre, le ministre, disons-nous, a prouvé d'une façon péremptoire, — que le Gouvernement a toujours eu pour but de venir en aide à ces populations "opprimées", but qu'il est sur le point d'atteindre, en dépit de toutes les difficultés nées des circonstances.

L'Opposition, qui prend assez volontiers la sensiblerie pour de la sensibilité, est dans la jubilation quand il se présente ce qu'elle appelle des questions d'humanité. Elle qui proclame sans cesse les dangers de notre situation politique, le mauvais état de nos finances, de notre armée, de notre marine; vous l'entendez alors, retranchée derrière son palladium, proposer sérieusement le sacrifice des intérêts et de la tranquillité du pays, aux devoirs de l'humanité! Hier, c'était la Syrie; aujourd'hui, c'est la Pologne. La Pologne cherche à briser ses chaînes, à reconquérir sa nationalité : — allons! s'écrie l'Opposition, mettez le feu aux quatre coins de l'Europe; courez au secours de la Pologne; donnez-lui votre argent, vos soldats.—Mais ne verse-t-on pas assez le sang de nos soldats en Algérie?—Qu'importe, il faut sauver la Pologne!—Mais nous allons mettre en péril la paix de l'Europe, en interrompant les bonnes relations qui existent entre la France et les puissances du Nord? —Misère, que cela! la Pologne avant tout! Et parce que le Gouvernement, retenu par le droit commun des peuples, par la raison politique, par l'intérêt de la France, refuse d'intervenir directement dans les affaires de la malheureuse Pologne, l'Opposition l'accuse d'inhumanité. Est-ce donc de la dureté de cœur que de ne pas céder à l'entraînement de la générosité et de l'enthousiasme? Et la conduite du Gouvernement, à l'égard des réfugiés polonais, depuis quinze ans, n'est-elle pas une réponse victorieuse aux déclamations hypocrites de l'Opposition? Car, il ne faut pas s'y tromper, toutes ces grandes protestatious de sympathie, de fraternité chrétienne, sont bien plus sur les lèvres que dans le cœur de l'Opposition, qui sent mieux que personne le ridicule et l'inopportunité de ses reproches. Elle sait bien que la Pologne est partagée depuis quatre-vingts ans entre la Russie, la Prusse et l'Autriche ; elle sait bien que l'Empire n'a pas essayé de rétablir la nationalité des Polonais, dont, cependant, il avait obtenu le concours ; elle sait bien que la Restauration ne l'a pas voulu davantage ; elle sait enfin que le Gouvernement de juillet, qui n'a rien demandé et rien promis à la Pologne, ne peut pas plus être obligé d'intervenir pour son rétablissement : l'Opposition sait tout cela, mais elle s'est bien gardée de le dire. C'est pourquoi le Gouvernement, faisant taire ses sympathies pour cette grande infortune d'un peuple, à laquelle Dieu seul peut mettre un terme, a dû réserver ses consolations et ses secours pour les Polonais qui viennent chercher un refuge sur le sol hospitalier de la France.

Quels sont les nouveaux griefs de l'Opposition contre le Ministère ? Croyez-vous qu'elle en manque, par hasard ? Et les affaires de la Plata ? et l'Algérie ? ne voilà-t-il pas des textes inépuisables ? Depuis 1840, le gouvernement avait adopté une politique de neutralité sur les rives de la Plata ; tout à coup, la force des événemens impose au Ministère une nouvelle ligne de conduite. Nos concitoyens, établis sur les rives de la Plata, font un appel à leur patrie ; leurs réclamations sont entendues, et le Gouvernement n'hésite pas à diriger une escadre sur la Plata. A cette nouvelle, l'Opposition de jeter feu et flammes ! « C'est un acte de complaisance envers l'Angleterre, s'écrie-t-elle, un sacrifice de plus fait à l'entente cordiale! Vous violez la neutralité, vous méconnaissez les traités! » La neutralité violée! les traités méconnus! Mais quel a donc été le but du Ministère, en intervenant collectivement avec l'Angleterre, dans les affaires de la Plata? Est-ce de nous ériger en arbitre souverain dans une querelle qui divise deux Etats indépendans, Buénos-Ayres et Montevideo? de prendre fait et cause pour tel ou tel parti, pour tel ou tel prétendant qui se dispute le pouvoir? Non, vous ne le croyez pas, et, si vous êtes de bonne foi, vous reconnaîtrez que, loin de violer le traité de 1840, notre intervention ne tend qu'à en assurer l'exécution ; et que notre expédition est faite, pour mettre un terme à cette lutte sanglante qui se prolonge au grand détriment de nos intérêts, pour maintenir l'indépendance de la république de l'Uruguay, menacée par l'Etat de Buénos-Ayres et prête à succomber sous l'invasion des troupes argentines.

Si nous abordons la question de l'Algérie, nous trouvons bien plus intempestive encore, bien plus puérile, la guerre que l'Opposition fait au Ministère. L'occupation est depuis longtemps un fait résolu, et à ce sujet, le Gouvernement ne peut plus être suspect de condescendance aux désirs de l'Angleterre. Avec la conquête il veut la conservation, et pour la conservation, il veut les moyens. Il y a bien, par ci par là, quelques déclamations isolées contre l'occupation de l'Algérie, et M. de Lamartine lui-même, nous regrettons de le dire, malgré l'estime que nous avons pour son immense talent, n'a pas craint de soutenir, à l'aide de considérations vagues et nuageuses, que la France devait renoncer à cette possession. Mais tous les gens sensés savent à quoi s'en tenir sur ce point. Depuis quinze ans, l'Algérie n'avait cessé d'être pour la

France une affaire nationale de premier ordre ; aujour-
d'hui, la question de l'administration et de la colonisa-
tion a succédé à celle d'occupation et de défense militaire. En outre, l'Opposition ne peut pardonner au Gouvernement d'avoir guerroyé contre le Maroc, sans en
faire la conquête, et elle l'a accusé de lâcheté, comme si
l'Angleterre n'eût pas été plus rassurée sur l'avenir de
notre établissement de l'Algérie, en nous voyant aux prises avec toutes les populations répandues du cap Noun
au cap Bon.

Rappellerons-nous enfin où ont abouti toutes ces récriminations, toutes ces colères factices contre l'entente
cordiale de l'Angleterre? Au rejet de l'amendement de
M. Berryer, qui avait imprudemment repris un thême
usé. Quelle maladresse, à vous, M. Berryer, d'aller vous
exposer de la sorte au blâme de l'Opposition, en venant,
en 1846, tenir le langage de 1840 ! Quelle velléité vous
avait donc pris d'oser encore attaquer l'alliance anglaise,
après quatre ans de vaines déclamations ! Qu'aviez-vous
donc fait de votre bon sens? Quelle faute vous avez
commise, et quelle leçon vous avez reçue ! Quoi ! vous
mettez l'Opposition dans la triste nécessité de vous dé-
mentir et d'avouer ses torts ! Allons ! allons ! nous vous
en remercions, nous ; car, pour une illusion que vous
avez perdue, nous avons joui de la honte de l'Opposition, qui n'a pu conserver des doutes sur la majorité ;
or, comme le dit M. Guizot, «on a la majorité quand on
la conquiert tous les jours par la discussion et la raison.
La majorité n'appartient à personne, elle s'appartient à
elle-même, à la raison qu'elle soutient, et au pays qu'elle
représente. »

Que si, de la politique extérieure, nous passons aux

questions intérieures, tout révèle le triomphe du Ministère sur l'Opposition, la droiture de l'un et la mauvaise
foi de l'autre, la persistance du premier à poursuivre un
système lent et prudent de réformes universelles ; l'en-
têtement de la seconde à paralyser tant de généreux efforts. C'est bien dans cette lutte qu'il y a plaisir à voir
l'impuissance se briser contre la force, à voir le sophisme
et la fiction terrassés par la logique et la raison. Questions d'administration, questions d'intérêt matériel, de
finances, de chemins de fer, de réforme parlementaire,
—sur tous les terrains, la victoire du Gouvernement a été
complète.

Ici, ce sont des faits qu'il faut encore : des faits, toujours des faits ; c'est l'*ultima ratio* des incrédules et des
aveugles.

On se rappelle combien l'Opposition s'est évertuée à
déplorer l'état de nos finances ; quel sombre tableau en
ont déroulé MM. Dubouchage et Charles Dupin ; surtout
avec quelle emphase les deux nobles pairs ont opposé
les finances de l'Angleterre et celles de la Restauration
aux finances du Gouvernement de juillet. M. Lacave-
Laplagne, qui de tous les ministres des finances encore
vivans, est celui qui en a conservé le plus long-temps le
maniement, a défendu son administration avec une logique saisissante, en tirant bon parti de la comparaison.
Après avoir loué l'habileté de l'administration des finances de la Restauration, puis de celle des finances de
'Angleterre, qui, par sa position et ses élémens indus-
triels, a sur nous d'immenses avantages, il a développé
notre situation financière dans ses rapports avec les
grands travaux publics. « En France, dit-il, nous étions
obligés d'aller chercher au loin des élémens de la pro-

duction, nous étions en arrière pour les routes, pour
les canaux. Les devoirs du pays étaient de chercher à
compenser ces inégalités, de trouver le moyen d'assurer
la richesse. En France, les capitaux étaient peu abon-
dans, l'industrie ne risquait pas ses capitaux dans les
grands travaux. Il a fallu que le Gouvernement trouvât
des ressources dans les budgets généraux, dans des em-
prunts. On conçoit donc qu'en même temps que le budget de l'Angleterre se réduisait, et cela après qu'elle
avait supporté le fardeau écrasant de ses grandes guer-
res, la France augmentait le sien. » De là, il passe à
l'examen des résultats du système suivi par la France
pour l'exécution des grands travaux publics. — Notre
budget, s'écrie l'Opposition, excède de 100 millions celui
de l'Angleterre !—Mais est-il possible, quand on connaît
l'état des choses, de comparer entre eux les élémens des
deux budgets? En Angleterre, cinq ministères, l'amor-
tissement et la taxe des pauvres ne sont pas compris
dans le budget; en Angleterre, presque toutes les concessions des chemins de fer sont perpétuelles. Le contraire arrive en France; aussi de toutes les législations
la nôtre est-elle la plus favorable au bien public. Dans
les tableaux imprimés qu'il a communiqués aux Chambres, pour établir la comparaison des budgets de 1830 à
1845, le ministre a démontré que, pendant dix ans, sous
la Restauration, on n'avait affecté que 35 millions pour
les travaux publics, tandis que, dans dix années, depuis
1830, cette dépense avait été de 750 et même de
775 millions. Certes, on ne peut nier le bon emploi de
cet argent, puisque la France lui doit des voies nou-
velles de communication, et que l'accroissement des
impôts, résultat inévitable de la plus grande circulation

et de la consommation, amène des sommes considéra-
bles dans les caisses de l'État. Les recherches sur le
tonnage du roulage ont prouvé que, par suite des per-
fectionnemens apportés aux voies de communication,
le commerce avait eu une économie de 150 millions au
moins. Et tous ces avantages ont si peu obéré le trésor,
qu'à la fin de 1844, lors du dernier emprunt, le Gouvernement n'a demandé que 100 millions sur 450 qu'il
pouvait prendre. Il y a eu sans doute des ventes de bois
de l'État, il y a eu aux contributions directes une addi-
tion de 93 millions, sur lesquels 30 millions seulement
sont affectés aux dépenses de l'État. M. le baron Dupin
a prétendu que 300 millions de plus pesaient sur le pays.
C'est une erreur; car c'est l'augmentation de la consommation, mais non celle des droits de douane et de l'im-
pôt du tabac, qui a produit ce résultat. Par conséquent
il faut répéter avec le ministre : « C'est de la richesse,
ce n'est pas de la pauvreté; et, au lieu d'un reproche,
c'est un éloge qu'on devrait adresser au Gouvernement.»
Le noble pair a fait une nouvelle erreur en disant : Depuis le 1ᵉʳ janvier 1830 jusqu'au 1ᵉʳ janvier 1844, le
déficit est de 371 millions. Ce chiffre a bien été annoncé
dans les tableaux, mais accompagné de réductions, dont
on aurait dû tenir compte. Certaines dépenses, faites en
1844 et 1845, ont été reportées sur 1846. Ainsi, au lieu
de 371 millions, le chiffre, au moyen de réductions, n'a
été que de 358 millions. Du 1ᵉʳ janvier 1845 au 1ᵉʳ janvier 1846, la dette flottante a été de 178 millions. Il
faut donc conclure de cet exposé, qu'en 1845 il y a eu
plus de dépenses, et, cependant, diminution de la dette
flottante; que l'on est arrivé à recevoir plus qu'on ne
dépense; qu'enfin, l'état actuel de nos finances n'a rien

à redouter du parallèle avec les finances de la Restauration et celles de l'Angleterre.

L'Opposition a-t-elle encore des objections à faire à cet égard? Non, vraiment. Les calculs du ministre l'ont déroutée. Mais voici qu'elle espère prendre sa revanche dans la question des chemins de fer. Ici, il y a matière à scandale; elle se frotte les mains, grossit sa voix, roule des yeux courroucés, et se drape plus que jamais dans sa vertu, dans sa probité. Hélas! quel triste rôle elle jouerait dans l'histoire des chemins de fer, si l'on avait le courage de l'écrire, cette curieuse histoire? Quels reproches n'a-t-elle pas à se faire aujourd'hui, si la France est en arrière de tous les pays de l'Europe, dans cet admirable moyen de rapprocher les distances? Qui ne se souvient du fameux rapport de M. Arago (1838)? Il ne fallait pas se presser; il ne fallait pas confier à l'État la confection des chemins de fer, disait le savant rapporteur : l'expérience est venue. L'État est rentré en faveur auprès de l'Opposition, mais trop tard. Une fois guéri de ces préventions fatales, il a bien fallu qu'on exhalât sa bile d'une manière quelconque. L'agiotage, auquel la concession des chemins de fer a donné lieu, était un texte fécond pour l'Opposition, et Dieu sait comme elle l'a développé, torturé, retourné sous toutes ses faces. Quelle effrayante peinture ce bon M. Grandin a faite de la démoralisation produite par les chemins de fer! Que d'anathèmes lancés sur tout le corps social, gangrené par cette funeste passion de l'industrialisme, à l'exception, bien entendu, de l'Opposition, qui ne peut manquer d'être canonisée un jour! C'est pitié, vraiment, d'entendre tomber du haut de la tribune nationale, des paroles si peu graves, si peu utiles; des attaques si peu parlementaires contre un Ministère qui n'a pas la mission de moraliser le pays, et dont la tâche s'arrête à l'esprit de la loi.

La question religieuse et la question universitaire, si l'intimement liées l'une à autre, sont venues à leur tour sur le tapis. Toutes deux ont soulevé des orages peu dangereux; car toutes deux ont eu également d'éloquens défenseurs. Ce qu'on a voulu appeler le petit coup d'Etat de M. de Salvandy, les ordonnances du 7 décembre, qui ont frappé l'ancien conseil royal de l'instruction publique, devaient naturellement rencontrer une opposition intéressée; car elles froissent des amours-propres, en condamnant, pour ainsi dire, les administrations précédentes, surtout en brisant une puissance tyrannique placée à côté du Gouvernement. Nous croyons inopportun de répéter les développemens historiques, dans lesquels MM. de Salvandy et Guizot sont entrés à ce sujet. Rappelons seulement que les ordonnances du 7 décembre ne sont qu'un épisode dans le débat ouvert depuis deux ans entre le clergé et l'université. Ainsi, leur origine est le besoin de la paix. Le conseil royal avait servi de but à des défiances, à des calomnies; il avait été signalé aux pères de famille, comme le tyran qui opprimait la jeunesse, comme le fléau qui désolait la religion. Dans cet état de choses, comme on ne pouvait pas sacrifier l'université, on dut sacrifier le conseil royal à ces défiances, à ces craintes. Entre deux maux, il fallait choisir le moindre; c'était sage et prudent. C'était un moyen de transaction pour arriver à la solution de la grande question de la liberté de l'enseignement. Au reste nulle fausse interprétation n'est possible désormais touchant les ordonnances du 7 décembre. M. Guizot en a

nettement défini le caractère et le sens, en ces termes :
« Elles n'ont point été rendues, a-t-il dit, dans l'intention d'éluder les principes de la charte et de la liberté de l'enseignement ; elles n'ont point été rendues dans l'intention d'affaiblir l'université et les droits de l'Etat en matière d'enseignement. Pas le moins du monde. C'est un acte de conduite politique, c'est un acte de prudence politique, dans le long débat qui s'est engagé depuis 1820, et qui se continue entre les deux forces, entre les deux influences dont je vous parlais tout à l'heure.

» Le Gouvernement du roi, ajoute l'orateur, est fermement résolu à trois choses. Le Gouvernement du roi est fermement résolu à exécuter sincèrement les promesses de la charte.

» Il est fermement résolu à maintenir la paix religieuse en présence de la liberté religieuse et de la liberté de la pensée, dont la coexistence fait l'honneur de notre société.

» Le Gouvernement du roi ne souffrira pas que la liberté religieuse soit atteinte, ni que la liberté de la pensée soit atteinte, ni que la paix religieuse soit troublée.

» Vous voulez la liberté, vous voulez aussi la paix, la paix intérieure. Tenez pour certain qu'il n'y a que la politique que je viens d'indiquer, et dont les ordonnances du 7 décembre ont été un acte partiel, — qu'il n'y a que cette politique qui puisse vous donner en même temps la liberté et la paix. Hors de là, vous aurez la lutte, la lutte continue et de plus en plus aigre, envenimée, entre les grandes influences morales de la société. Est-ce là ce que vous voulez ?

» Personne, je le pense, ne le veut ! »

Hélas! vous avez tort, M. Guizot; vous avez grand tort de croire que personne ne veut cette lutte aigre, envenimée. Si quelques esprits élevés, comme vous, M. Guizot, comme MM. de Salvandy, Martin du Nord, le comte de Montalembert, s'éclairant et se retrempant au feu sacré de la religion, placent le maintien de la liberté politique dans la paix religieuse et dans la liberté des croyances religieuses, il est aussi des esprits élevés, mais qui abaissent leur caractère, qui amoindrissent la noblesse de leurs sentimens, se rapetissent en un mot par des accès d'humeur chagrine contre cette institution, la première de toutes, la seule sauve-garde des nations. M. Isambert, par exemple, M. Isambert, qui se traîne sur les erremens de l'école voltairienne, dont M. Thiers s'était fait le chef en se chargeant d'attacher le grelot, toujours en vue du portefeuille, et sous prétexte de patriotisme, M. Isambert n'est exclusivement à la Chambre, que pour déclamer sans cesse contre les prêtres et les religieuses. Il ne les aime pas; et dans chaque session, le clergé catholique est le but d'un discours de sa part. M. Isambert serait fort malheureux, s'il manquait, une fois au moins par an, l'occasion d'épancher sa bile contre un corps auquel il a voué une haine implacable dès l'âge le plus tendre. Ce régime est nécessaire à sa santé; il se purge de la sorte tous les ans; puis après il se porte le mieux du monde. Cette année, dans la discussion du budget des cultes, l'honorable député avait pris pour thème les mandemens de certains prélats contre lesquels il reprochait au Gouvernement de n'avoir pas sévi, et la vieille histoire des religieuses d'Avignon. Mais l'indifférence la plus profonde a accueilli sa violente philippique, que M. Martin du

Nord a réfutée sans peine, à la confusion de son auteur.

. Mais voici que nous touchons à une question brûlante, à une question vitale, qui peut, par l'exagération même de son principe, introduire l'anarchie et le désordre dans la Chambre, ou, par une modification bien comprise de ce principe, améliorer la représentation nationale. On a deviné que nous voulons parler de la proposition de M. de Rémusat, touchant la Réforme parlementaire. L'Opposition était là sur son terrain, armée de pied en cap, casque en tête et la dague au poing, et se croyant inexpugnable dans ses retranchemens. La belle, la féconde thèse que la loi des incompatibilités! Présentée et repoussée déjà, elle renaît de ses cendres, plus fière, plus pimpante, plus agressive que jamais. L'Opposition, qui ne sait comment conquérir la majorité, trouve excellent et juste de conserver toutes ses armes, toutes ses ressources, tous ses moyens de stratégie parlementaire, et de contester le même droit au parti conservateur. Vraiment! ce n'est déjà pas si mal combiné. Isoler le Ministère de tout ce qui partage ses principes ; exclure de la Chambre, en masse, sans distinction, tous les fonctionnaires qui ont le malheur de préférer la politique conservatrice à la politique inquiète, passionnée, guerroyante de la gauche, c'est assurer le triomphe de cette dernière. Oh! l'admirable idée! Heureuse de ce qu'à côté du bien il y a toujours l'abus, exagérant l'abus pour étouffer le bien, l'Opposition se livre, sur ce thème sophistique, à des amplifications, à des saillies plus spirituelles que concluantes. Voyons, qu'ont voulu prouver M. de Rémusat qui n'a pas soutenu sa propre proposition, et M. Thiers, qui l'a défendue par acquit de conscience ; car beaucoup de personnes ignorent que l'ex-président du cabinet du premier mars avait pris, dans le sein de nous ne savons plus quelle commission, l'engagement solennel de venir, à la tribune, prêter l'appui de son éloquence à la loi des incompatibilités ; demandez à M. Maurat-Ballange d'où vient cette petite indiscrétion. MM. de Rémusat et Thiers ont voulu démontrer que la présence des fonctionnaires à la Chambre était une anomalie, un vice de la représentation nationale, un danger pour le pays : parce qu'ils y représentent moins les doctrines politiques que les intérêts matériels de leurs localités ; ou parce qu'ils n'y viennent, quelquefois, que dans l'intérêt de leur vanité ou de leur fortune. MM. Thiers et de Rémusat ont donc pensé que l'exclusion de tous les fonctionnaires détruirait radicalement ces deux vices. L'argument est irrésistible. Il n'y a qu'un petit inconvénient dans cette réprobation systématique, c'est qu'elle dépasse le but et devient une injustice révoltante. Sans doute, un petit nombre de fonctionnaires ne visent à la députation que pour mieux faire leur carrière ; mais comment les distinguer de ceux qui se présentent dans l'intérêt d'une localité ; ensuite, à supposer que cette distinction fût possible, pourquoi frapper d'ostracisme ces derniers. N'y a-t-il à la Chambre que des discussions de politique extérieure ? et les intérêts départementaux sont-ils de si peu d'importance qu'on puisse se passer des lumières et de l'expérience des hommes les plus compétens ? Que si la réforme proposée est nécessaire, elle s'accomplira, mais par le fait des électeurs seulement, par la force des choses ; cette épuration représentative sera l'œuvre du temps ; mais elle ne peut s'opérer brutalement, d'un seul coup, sans porter une atteinte mortelle au plus beau, au plus enviable des droits du citoyen, celui d'offrir à son pays le tribut de son mérite et de son dévouement. Sachez donc enfin, M. Thiers, modérer votre passion pour les réformes ; rappelez-vous donc ce mot profond : Il y a quelqu'un qui a plus d'esprit que chacun, c'est tout le monde. Or, vous avez succombé sous le poids de la majorité. Moins de raisonnement à l'avenir, et plus de raison ! moins d'esprit, et plus de solidité et de logique ; surtout moins d'orgueil ! L'orgueil perd l'homme, comme il perdit Satan. Ce que vous combattez aujourd'hui, vous l'avez fait étant ministre, vous l'avez trouvé bon ; vous en avez peut-être abusé plus que tout autre. Ne jetez plus la pierre à personne ; c'est de mauvais goût. Ne trouvez pas les raisins trop verts, parce que vous ne pouvez plus les atteindre ; profitez enfin de la leçon que vous a donnée M. Duchâtel, qui a dépouillé votre beau discours de toutes ses parures empruntées, et l'a réduit à néant, en soufflant dessus comme sur un château de cartes. Comme vous pourriez l'avoir oublié, ce dont nous vous plaindrions, nous vous citerons de son discours, un ou deux tout petits passages, bien moqueurs, bien incisifs, et pleins de vérités bonnes à dire et à répéter :

« Dans le gouvernement représentatif, disait le ministre, quelle est la condition que les oppositions doivent remplir à leur tour? c'est de devenir la majorité. C'est pour cela que vous discutez, que vous soutenez votre opinion, que vous attaquez la politique du Gouvernement. Parvenez à conquérir la majorité, et vous pouvez être certains que tout aussi amis que vous, partisans aussi sincères que vous du Gouvernement représentatif, nous n'exigerons pas de vous l'application de nos principes au préjudice de votre politique. Mais soutenir à cette tribune que le Gouvernement représentatif n'existe pas, qu'il n'est pas sincère parce que la politique qu'on croit bonne n'existe pas, c'est assez commode, mais ce n'est pas vrai.

» Vous êtes en droit de dire que votre politique est meilleure que la nôtre, de même que nous dirons à notre tour que notre politique est meilleure que la vôtre; mais vous n'avez pas le droit de dire que parce que votre politique n'a pas les suffrages de la majorité, soit dans la chambre, soit dans le pays, le Gouvernement représentatif manque de sincérité. Vous n'êtes pas libres d'imprimer telle direction que vous voudriez aux affaires de votre pays. Que demain vous ayez la majorité, nous vous attaquerons, nous combattrons votre politique, nous ne vous ferons pas l'injure de dire que le Gouvernement représentatif n'est pas sincère, parce que vous en remplirez les conditions comme nous les remplissons aujourd'hui.

» Ces quelques mots une fois dits, je vais aborder la question. Comme l'a dit M. Thiers, cette question est grave; j'ai, quant à moi à cet égard, une opinion fort ancienne et très connue : je crois la proposition mauvaise et ne puis accepter qu'elle atteigne le but que se propose d'atteindre l'honorable M. Thiers.

» M. Thiers a beaucoup parlé de corruption. Lorsque M. Thiers était au pouvoir, l'Opposition parlait-elle moins de corruption ? M. Thiers dit que le reproche était prématuré. Je le comprends. Tout naturellement quand M. Thiers était aux affaires, et que l'Opposition accusait le pouvoir de corruption, elle faisait de cette accusation un usage abusif.

» L'accusation n'a commencé à prendre de la vérité qu'à dater de la retraite du cabinet du 1er mars. Les dates ont ici une grande importance. Eh bien! que M. Thiers nous permette, à nous, de croire que ce qui était une erreur en 1840 est encore une erreur ; qu'il nous permette de trouver mauvais aujourd'hui ce qui était mauvais en 1840 ; qu'il nous permette de dire que les attaques de l'Opposition ne sont pas plus fondées en ce qui concerne la corruption, quand elles s'adressent au 29 octobre que quand elles s'adressaient au 1er mars.

» Pour mon compte, je voudrais que le bilan des deux administrations fût dressé, un bilan complet, sincère, impartial, fait par des personnes sincères et impartiales : l'on verrait laquelle des deux administrations a le plus corrompu. Je ne redoute pas la comparaison.

» Depuis cinq ans, la politique conservatrice a obtenu la majorité ; ce triomphe ne convient pas à nos adversaires. Loin de moi la pensée de leur en faire un reproche. Que veut-on? Que la Chambre, à une époque rapprochée de son terme, prononce sur elle-même un arrêt de véritable discrédit, et confesse qu'elle a manqué à un certain degré d'indépendance et de moralité. Voilà le véritable sens de la proposition.

» Si l'Opposition arrivait ainsi à obtenir la majorité, elle aurait fait un excellent calcul. Je comprends donc que l'Opposition soutienne la proposition ; mais je ne concevrais pas qu'elle trouvât des appuis dans le parti conservateur. C'est sa propre politique qu'attaquerait la Chambre. La proposition a, à ce point de vue, plus de portée que ne le dit M. Thiers. C'est toute la politique conservatrice qui est en question.

» Abandon de l'intérêt national au dehors, contre-révolution au dedans! tels sont les reproches que M. Thiers s'est vu forcé d'adresser au pouvoir. Et l'on parle d'améliorer nos lois et nos mœurs! Non, ce n'est pas le but de la proposition; son but, je le répète, serait de porter atteinte profonde à la politique conservatrice.

. . . .

» L'honorable M. Thiers a parlé des royalistes qui n'auraient pas pris part aux événemens qui ont fondé et consolidé la royauté; mais ces événemens, ce n'est pas lui seul qui les a accomplis; il y a beaucoup d'hommes ici qui y ont pris part avec lui, et à qui il n'est pas en droit de dire que ce sont des royalistes de nouvelle date.

» Ce n'est pas M. Thiers, apparemment, qui a fait à lui seul la révolution de juillet.

» Ce n'est pas M. Thiers qui a mis la couronne sur la tête du roi.

» Plus tard, quand il a fallu descendre dans la rue et combattre l'anarchie, lorsque le roi et ses fils ont été exposés aux balles régicides, M. Thiers n'a pas seul payé de sa personne.

» Il y a deux ans, dans une circonstance douloureuse et néfaste, quand les représentans du pays se sont pressés autour de la dynastie nationale, d'autres que l'honorable M. Thiers se sont trouvés à ce rendez-vous; d'autres que M. Thiers ont appuyé la loi de régence. »

M. Thiers a-t-il compris combien il avait tort de s'exposer à de pareilles mercuriales, en prenant ses airs de conquérant et de fondateur de dynastie, en s'offrant à tous propos comme l'homme d'Etat modèle, comme le *nec plus ultrà* de la science politique? S'il l'a compris, il doit tirer de son succès littéraire et du succès sérieux et profitable de M. Duchâtel, cette conséquence que les votes valent mieux que les applaudissemens.

Entrons en plein budget, et nous verrons le triomphe du Ministère éclater, grandir à chaque pas; nous verrons MM. Dumon et Cunin-Gridaine poursuivre avec une glorieuse persévérance leur œuvre régénératrice; nous verrons M. le baron de Mackau obtenir sans efforts les 93 millions de crédit nécessaires à la réorganisation de notre marine. Jamais les Chambres n'avaient été saisies d'une plus grande question sur notre puissance navale. M. de Mackau, acceptant noblement l'héritage de ses devanciers, a fixé avec netteté l'opinion du pays sur les besoins réels de la marine dans les circonstances actuelles, pour y pourvoir régulièrement chaque année. L'Empire avait bien légué à la Restauration un armement maritime encore imposant; mais on sait quels sacrifices énormes exige l'entretien d'une flotte nombreuse. Aussi, quelques années d'abandon ont-elles amené rapidement la destruction de notre marine, complément indispensable de notre puissance militaire. Sous la Restauration, il fut reconnu qu'elle serait anéantie en 1830, si l'on persistait dans ce système déplorable. On ne tint pas compte de l'avertissement, et la force des événemens politiques détermina, seule, le Gouvernement à remédier au mal. La France voulait intervenir en Espagne, elle improvisa une flotte qui ajouta à nos fastes maritimes la victoire de Navarin, et plus tard la conquête d'Alger. Mais les Chambres, en votant le strict nécessaire, en vue des circonstances du moment, ne se préoccupaient nullement de l'avenir de notre marine; de sorte que ses besoins excédaient ses ressources. Après la révolution de juillet, il ne fut pas possible d'accorder immédiatement une attention sérieuse au service naval, et les choses restèrent dans cet état jusqu'en 1840, époque à laquelle il fallut parer à des événemens imprévus. M. le baron de Mackau, nous le répétons, n'a pas hésité à accepter, sans réserves, l'œuvre de ses prédécesseurs : « Appelé, dit-il, à exposer les causes générales de l'établissement maritime, je suis heureux de pouvoir rendre témoignage aux efforts de mes prédécesseurs qui, obligés d'assurer dans le présent, avec des ressources limitées, l'honneur du pavillon, ont tous satisfait à cette obligation, la première entre toutes, même en y sacrifiant les intérêts de l'avenir, mais en faisant constamment appel au patriotisme des Chambres pour mettre promptement un terme à des sacrifices si regrettables. » Aujourd'hui, les choses ont bien changé de face. Le pays est en voie de prospérité ; tout se régénère, tout concourt au progrès, et il ne nous est plus permis de laisser notre marine en arrière de toutes nos autres institutions. C'est ce qu'a compris M. de Mackau, et les Chambres ont applaudi à son noble dessein de reconstituer notre puissance navale. Tâche glorieuse, immense, qui honorera la mémoire de son administration.

Mais quelles étranges paroles retentissent sous les voûtes du Palais-Bourbon ? *Le Roi règne et ne gouverne pas!* Qui vient, au nom de son orgueil incommensurable et de son ambition égoïste, étroite, répéter, dans son amère déception, cette maxime plus qu'inconstitutionnelle, cette maxime monstrueusement injurieuse ? Qui ose lutter corps à corps avec la Royauté ? C'est M. Thiers! encore M. Thiers ! toujours M. Thiers! « M. Thiers, s'écrie un écrivain de talent (1), ne veut pas, ne veut plus que la Royauté soit un pouvoir, comme la Charte l'a décidé, pouvoir intelligent et libre dans les limites constitutionnelles. Il en fait une machine, un dieu inerte, un impassible spectateur des événemens, une dérision couronnée, un fait chronologique, une date morte, une Royauté dont le cœur ne doit point battre, même pour le pays; un fantôme sans œuvres et sans foi, qui n'apparaîtrait dans l'histoire qu'avec son linceul marqué d'un chiffre impuissant et humilié. » Vraiment, c'est une idée fixe, une passion, une monomanie. M. Thiers est-il donc le continuateur de Siéyes? et espère-t-il réaliser ce roi de ses rêves, auquel il veut imposer un rôle, que le premier Consul repoussa avec une indignation caractéristique.

Mais est-ce bien dans sa conviction intime et désintéressée que cette utopie a pris naissance? Car, alors, ce ne serait qu'une erreur respectable. N'est-ce pas plutôt à ses ressentimens qu'il doit cette inspiration? Dans ce cas, il serait impardonnable. Pour comble de folie, il s'avise, afin d'appuyer sa ridicule prétention, d'aller puiser, dans la monarchie anglaise, une comparaison sans fondement! Mon Dieu! M. Thiers, admirez l'Angleterre; mais ne dépréciez pas éternellement la France. Empruntez au moins à nos voisins d'outre-mer cet esprit de nationalité qui les distingue et les honore. Chaque nation doit tirer d'elle-même sa puissance, sa grandeur, ses institutions. « D'ailleurs, dit avec juste raison l'écrivain que nous venons de citer, il s'agit de la France, et non pas de l'Angleterre; il s'agit d'une dynastie

_____

(1) M. Granier de Cassagnac.

nouvelle, que nous avons fondée, œuvre laborieuse, et pour laquelle s'est rencontré providentiellement un prince que les rois ont proclamé un grand homme, et que les peuples ont proclamé un grand Roi. La France s'est montrée, sans doute, ferme, prévoyante, glorieuse dans sa révolution ; mais c'est au Roi, c'est à sa situation, si exceptionnelle et si complète, c'est à son courage, à ses lumières, à son patriotisme persévérant et dévoué, que nous sommes surtout redevables, après seize années d'efforts, de la sécurité, du calme, des prospérités dont nous jouissons. Et c'est à un tel prince que nous ne savons quelle maxime sauvage voudrait imposer des maires du palais sous le manteau constitutionnel ! Quoi ! Louis-Philippe sera l'homme le plus éminent de son époque ! Quoi ! sa parole sera grande et écoutée dans l'Europe et dans le monde ! Ses fils paieront de toutes parts, à son exemple, leur dette de périls et de gloire au pays ! L'amour des peuples, la haine des factions, déclareront bien haut quelle mission remplit un sage couronné ! Des attentats, des jours de deuil et de sang, seront si souvent venus constater son génie et le désigner à la gloire, et c'est de ce Roi que l'on prétendrait faire quelque chose de neutre, d'inerte et d'humilié ! Non, cela ne supporte pas l'examen. Demandez à tous les hommes monarchiques ce qu'ils pensent de ces chimères ! »

Cette fois encore, M. Thiers en a été pour ses frais d'éloquence, pour ses rancunes, pour ses jactances, pour ses banalités. M. Guizot a fait justice de tout cela. Il a terrassé son téméraire antagoniste sous la puissance de sa logique, il l'a écrasé de toute sa supériorité. Il a jeté la lumière sur chacune des questions, où M. Thiers avait apporté le trouble. Il s'est montré aussi grand orateur que grand homme d'État. Tour à tour grave et caustique, calme ou passionné, il a séduit, convaincu et entraîné son imposant auditoire. Avec quelle haute raison, avec quelle confiance dans sa force, avec quelle vérité saisissante il démontre les avantages de la politique conservatrice sur la prétendue politique du Centre gauche. Écoutons-le religieusement :

« Un seul mot, dit-il, un seul mot, en finissant, sur le caractère de notre situation extérieure. Oui, nous voulons tous la politique de la paix..... Mais voici ce qui arrive :

» Il y a une manière de pratiquer cette politique, qui fait qu'au bout de quelque temps, et il n'y faut pas longtemps, la paix ne paraît sûre à personne, ni en France, ni en Europe. La paix s'inquiète pour elle-même ; elle subsiste, on ne veut pas la détruire ; mais on n'y compte pas, on n'en jouit pas. Et, en même temps, les Gouvernemens étrangers s'inquiètent à leur tour, s'éloignent un peu de nous, se rapprochent entre eux ; il se répand une mauvaise impression sur l'état intérieur de la France, de mauvais pronostics sur son avenir. Voilà ce qui arrive au bout de très-peu de temps, par une certaine manière de pratiquer, d'entendre, de parler la politique de la paix.

» Il y a une autre manière d'entendre et de pratiquer la politique de la paix, qui fait que, non seulement au bout de quelque temps, mais même après avoir été mis à une longue épreuve, après avoir passé par des incidens compliqués, par des traverses difficiles, la paix, cependant, compte partout sur elle-même, tout le monde la regarde comme sûre. Elle peut prodiguer ses biens, on ne redoute pas pour son avenir.

» Et, en même temps, une opinion favorable se répand partout sur l'état intérieur de notre pays, sur l'affermissement de ses institutions, sur son avenir ; vous pouvez sortir de cette enceinte, vous pouvez aller partout en Europe, hors d'Europe, vous pouvez écouter ce qui se dit dans l'intérieur des Gouvernemens, ce qui se crie de la part du public, partout vous entendrez porter sur l'état actuel de la France, sur la manière dont sa politique est entendue et pratiquée, sur son avenir, les jugemens, les pronostics les plus favorables.

» Vous seul et vos amis, pensez et dites que depuis cinq ans la France n'a pas grandi, ne s'est pas affermie dans l'opinion du monde ; vous seul et vos amis le dites. Personne, en Europe, entendez-vous, personne, ni dans les Gouvernemens, ni dans les peuples, personne ne le pense et ne le dit.

» Tout le monde pense et dit le contraire, et c'est là le résultat de la manière dont la politique de la paix, que vous voulez comme nous, est entendue et pratiquée par nous, tandis que si elle l'était par vous, à coup sûr vous seriez bien loin des mêmes résultats.

» Je laisse là la politique extérieure ; j'arrive à l'intérieure.

» On nous accorde que nous avons la majorité, que nous l'avons depuis longtemps, qu'elle a subi et traversé de difficiles épreuves, qu'elle s'est affermie dans le cours de cette session ; mais on nous répète cependant : Vous n'êtes pas un Gouvernement parlementaire ; et hier, l'honorable M. Thiers disait : Vous vous gouvernez comme un parti. Vous tendez à devenir un parti au lieu d'être un Gouvernement.

» Messieurs, si on entend par là que la majorité et le

nom qu'elle porte, le parti conservateur a acquis en effet une unité, une organisation, une fermeté qui lui manquait, si on entend par là que nous avons depuis cinq ans consacré tous nos efforts à amener ce résultat, on dit vrai, et nous nous en félicitons.

» Nous regardons, et, pour mon compte, je regarde ce qu'est devenu depuis cinq ans le parti conservateur, comme la principale force du Gouvernement constitutionnel dans ce pays, comme l'ancre principale de salut dans les épreuves auxquelles ce pays peut être encore appelé. Oui, il faut un parti compacte, homogène, décidé, ayant ses principes et son drapeau, le suivant avec fidélité et avec fermeté ; le Gouvernement constitutionnel est à ce prix.

» Nous avons fait, pour atteindre ce but, de grands efforts et de grands sacrifices. Voici ce que j'appelle les sacrifices que nous avons faits.

» Nous avons sacrifié des amitiés qui nous étaient chères, des appuis, des alliés qui nous étaient utiles, pour maintenir l'unité, l'homogénéité du parti conservateur, pour ne faire aucune concession contraire à ses principes, à ses sentimens, à ses vœux. Oui, nous avons fait ces sacrifices-là, des sacrifices qui nous imposaient de grands efforts, qui nous faisaient courir de grands risques. Nous les avons faits dans l'intérêt du Gouvernement, dont le parti est devenu le point d'appui le plus sûr.

» Savez-vous quelle a été l'influence de ce qui s'est passé dans le parti conservateur sur vous-mêmes, sur l'Opposition? C'est le progrès du parti conservateur, de sa constitution ferme et décidée qui a amené, de votre côté, ce que vous avez appelé la fusion.

» Vous avez senti deux choses : d'une part, l'impossibilité de démembrer, de diviser, de désunir le parti conservateur ; de l'autre, de rallier pour lutter contre lui sous un même drapeau, sous une même direction, toutes les parties de l'Opposition. Vous avez bien fait, et dès le premier moment je m'en suis félicité, et j'en félicite la Chambre et mon pays.

» Je ne crois pas, vous me permettrez de vous le dire, d'autres que moi et l'honorable M. Thiers lui-même vous l'ont dit quelquefois, je ne crois pas que vous soyez encore et de bien longtemps, un parti de Gouvernement.

» Je crois que la situation, les principes, les sentimens, les habitudes, les traditions, tout ce qui constitue un parti de Gouvernement, vous manquent encore. Mais enfin vous vous êtes mis en marche dans cette voie, et je vous répète que je vous en félicite ; j'aime infiniment mieux cela que l'anarchie, que l'incohérence et l'impuissance qui régnaient auparavant dans les rangs de l'Opposition. (Séance du 28 mai.) »

On ne peut être plus mordant, plus ironique, et en même temps plus logique, plus vrai. On ne peut avoir plus de verve, plus de vigueur et plus d'éclat. On voit combien M. Guizot est à l'aise dans la discussion, combien il aime la tribune ; jamais peut-être il n'a été plus éloquent. C'est qu'en effet, il grandit sans cesse dans les débats parlementaires ; c'est que pour lui ce n'est pas un fardeau que la lutte, c'est une gloire.

Est-ce donc une fiction, maintenant, que le triomphe de la politique conservatrice ? Peut-il y avoir le moindre doute à cet égard ? et de cet ensemble de faits que nous venons de dérouler, ne résulte-t-il pas d'une fa-

çon éclatante que le Ministère du 29 octobre a les sympathies de la nation? ne voyons-nous pas, partout et
toujours, le parti conservateur uni et compact, rallié
sous un même drapeau, assuré dans sa marche, comme
l'a dit M. Moulin, dans son premier et brillant discours,
faire face à toutes les difficultés, ne reculer devant aucune, les résoudre par l'application de ses principes;
enfin, joindre la science pratique à la théorie ? Peut-on
nier encore, en dépit de la vérité, que cette politique du
Ministère, si nécessaire au maintien de l'ordre et de la
paix, soit également efficace pour le développement de
la prospérité publique ? peut-on nier qu'elle soit aussi
hardie que prudente et libérale?

Non, malgré vos sophismes, malgré vos allégations
mensongères, vous ne prouverez pas au pays, que le
Ministère est dans une fausse voie, dans une voie dangereuse ; vous ne réussirez pas à faire prendre le change
aux électeurs. Vos craintes simulées ne trouveront pas
d'écho, parce que les faits sont là qui plaident éloquem-
ment en faveur de notre politique.

Ce n'est pas tout. L'examen des faits nous conduit
naturellement à l'examen des hommes ; — et la comparaison tourne encore au profit du Ministère.

L'Opposition a-t-elle un homme à opposer à M. Guizot sous le double rapport du talent et du caractère ?
—M. Guizot, le premier orateur de la Chambre, orateur vraiment complet ; admirable pour le geste, comme
pour l'accent, pour la gravité de la parole, comme pour
la profondeur des pensées ; tout à la fois simple et ma-
jestueux, incisif et pressant, abondant et nerveux ; ap-
puyant sa forte logique sur l'autorité des faits ; et toujours donnant l'exemple des convenances parlementai-

res ;—M. Guizot, qui comprend si bien le rôle de l'homme d'Etat, froid, calme, sérieux devant les adversaires les plus passionnés, les plus obstinés ;— M. Guizot, puisant dans l'énergie de ses convictions, la fermeté nécessaire pour rester inébranlable au milieu des plus rudes épreuves ; — et, dans la prévision du succès, dans son dévouement aux grands intérêts qu'il est chargé de protéger, attendant avec patience et courage, du temps et de l'avenir, justice des calomnies et des outrages ; — M. Guizot, enfin, au désintéressement duquel ses ennemis mêmes sont forcés de rendre hommage.

Qui donc l'Opposition peut-elle opposer à l'illustre chef du Ministère ?

Sera-ce **M. Odilon Barrot**, orateur si boursoufflé, qu'on le compare au Jupiter Olympien, si prodigue de grands mots et de grandes phrases, et si sobre d'idées ! — **M. Barrot**, compromis, d'ailleurs, ruiné, effacé, anéanti par **M. Thiers**, dont il s'est fait si naïvement le Bertrand ;—**M. Barrot**, dont le frère a tout récemment éclipsé la gloire, et que l'Opposition elle-même juge de la manière suivante: « M. Barrot dédaigne les affaires et les choses positives ; il ne les a jamais abordées, et ses partisans, pour relever cette faiblesse, ont dû lui donner le titre plus retentissant de *généralisateur*. En effet, tout le talent de M. Barrot consiste à généraliser le lieu-commun, c'est-à-dire, à le rendre encore plus vague et plus inapplicable, c'est ce qui fait de M. Barrot un chef d'Opposition, si commode pour ses adversaires, si désastreux pour l'Opposition. Il hait la discussion directe et substantielle, parce qu'il ne la sait pas. Et il n'aime pas ceux qui la savent mieux que lui. On se ferait difficilement une idée du dédain de M. Barrot pour les connaissances pratiques. C'est ainsi qu'en 1832, il ignorait encore qu'Anvers se trouvât sur la rive droite de l'Escaut. M. Barrot est bien tombé, et on peut dire que maintenant tout son prestige est évanoui. Sa renommée ressemble désormais à ces ballons qui, aplatis, pliés et mis en magasin, attendent vainement le gaz qui doit les rendre au jour et les restituer à l'admiration de la foule. M. Barrot a commis trop de fautes, et sa conduite présente prouve assez qu'il est incurable. Quinze ans de retraites et de défaites ont appris à tout le monde ce qu'il valait (1). »

Sera-ce M. Thiers qu'on opposera à M. Guizot? Mais qui peut prendre M. Thiers et son opposition au sérieux? Comme orateur, M. Thiers a de l'esprit, beaucoup d'esprit; il parle bien et longuement. Mais ses convictions, quelles sont-elles? A quoi vise-t-il? nous l'avons déjà dit, au portefeuille; but qu'il poursuit avec une ardeur qui va jusqu'à le compromettre, témoin toutes ses inconséquences parlementaires, toutes ses ridicules incartades, à propos de la loi des incompatibilités et du Gouvernement représentatif. — Comme caractère, comme considération personnelle, M. Thiers ne soutient pas le parallèle avec M. Guizot.

Parlerons-nous de M. de Lamartine? splendide orateur, mais toujours un peu poète, rarement homme d'Etat; disant si souvent de fort belles choses, mais hors de propos; — M. de Lamartine écoutant trop les élans d'un noble cœur qui l'égare; trop facile aux séductions d'une imagination qui a toujours vingt ans; — M. de Lamartine, ayant le malheur de ne pouvoir se fixer dans une

(1) *Esprit public* du 15 Juin 1846.

conviction;—brill ant météore qui flotte à tous les vents du ciel, et pour lequel on craint toujours une éclipse!

Maintenant, quels hommes de talent ne comptons-nous pas dans le Ministère? Après M. Guizot viennent MM. Duchâtel, de Salvandy, et Martin du Nord, hommes énergiques, consciencieux et dévoués; versés dans la science des affaires, rompus aux discussions de la tribune. MM. Lacave-Laplagne, de Mackau, Dumon, Cunin-Gridaine, Moline de Saint-Yon, n'apportent-ils pas, chacun dans sa sphère d'action, dans l'administration de son département, ces connaissances spéciales, cette haute expérience dues à une longue pratique? Dieu merci! les bons orateurs se pressent en assez grand nombre dans les rangs du parti conservateur pour tenir tête à MM. Gustave de Beaumont, de Rémusat, Mauguin, Billault, Duvergier de Hauranne, et *tutti quanti.*

Répétons donc, et appuyons avec force sur ce point, que jamais Ministère ne fut dans de meilleures conditions pour fortifier l'ordre au dedans, pour créer la confiance au dehors. On doit avoir cette conviction, en songeant aux magnifiques travaux réalisés, aux difficultés politiques vaincues dans cette carrière de six ans qu'il a déjà parcourue. Qu'on renouvelle, en 1846, la funeste coalition de 1839; que M. Thiers, qui semble ne plus avoir foi dans le crédit de ses journaux, ni dans l'autorité de ses paroles, remette sous les yeux du pays les banalités de son programme; qu'il pactise aujourd'hui avec les Républicains et les Légitimistes! ses efforts seront impuissans; — parce que la France ne veut pas de lui pour la gouverner; — parce que le maintien de nos institutions et de la paix européenne dépend de l'union du parti conservateur.

Electeurs, nous ne ferons pas un appel à vos passions, mais à vos sentimens, mais à votre raison. Spectateurs froids et calmes de ces grandes luttes parlementaires, où s'agitent les intérêts du pays, recueillez vos souvenirs, mettez dans chaque plateau de la balance les titres de chacun à votre gratitude, et jugez! — Bien des menaces pour l'avenir, bien des promesses vous seront faites; ne vous effrayez pas des unes; appréciez la valeur des autres, et jugez! — Bien des craintes vous seront suggérées, bien des espérances vous seront offertes; les craintes sont dans le retour du passé; les espérances dans le maintien du présent. Supputez les unes et les autres, et jugez! — Jugez et choisissez entre la politique sage et modérée du Ministère, politique digne d'une époque de civilisation, où le nœud gordien des rivalités de nation à nation ne se tranche plus par l'épée, mais par la raison; — choisissez entre cette politique d'ordre et de paix, et la politique imprudente, passionnée et indécise de l'Opposition!

FIN DE LA PREMIÈRE LETTRE.

9 782012 462915